Paz &

Renovação

Capa:
César França de Oliveira

13ª edição – Setembro/2007
2ª reimpressão – março/2010
6.000 exemplares
(52.501 ao 58.500)

FICHA CATALOGRÁFICA

(Preparada na Editora)

Xavier, Francisco Cândido, 1910-2002.

X19p *Paz e Renovação* / Francisco Cândido Xavier, Espíritos Diversos. Prefácio de Emmanuel. Araras, SP, 13ª edição IDE, 2007. (Edições CEC, Uberaba, MG, 1970-1979.)

224 p.: il.

ISBN 978-85-7341-463-9

1. Espiritismo 2. Psicografia - Mensagens I. Espíritos Diversos. II. Título.

CDD -133.9
-133.91

Índices para catálogo sistemático:
1. Espiritismo 133.9
2. Psicografia: Mensagens: Espiritismo 133.91

INSTITUTO DE DIFUSÃO ESPÍRITA

Av. Otto Barreto, 1067 - Cx. Postal 110 - CEP 13602-970 - Araras/SP - Brasil
Fone (19) 3541-0077 - Fax (19) 3541-0966
CNPJ 44.220.101/0001-43 – Inscrição Estadual 182.010.405.118

IDE EDITORA É APENAS UM NOME FANTASIA UTILIZADO PELO INSTITUTO DE DIFUSÃO ESPÍRITA, O QUAL DETÉM OS DIREITOS AUTORAIS DESTA OBRA.

www.ideeditora.com.br

INSTITUTO DE DIFUSÃO ESPÍRITA

IDE Editora é um departamento do **INSTITUTO DE DIFUSÃO ESPÍRITA**, entidade sem fins lucrativos, que promove extenso programa de assistência social aos necessitados de toda ordem.

ide editora

Chico Xavier

Paz & Renovação

Em busca da reforma interior

Espíritos Diversos

ide editora

ÍNDICE

"– Chico você vê o desequilíbrio da Terra em termos políticos e sociais? E do Brasil?

– Eu penso com aquela assertiva do nosso André Luiz, que é um mentor que nós todos respeitamos, se cada um de nós consertar de dentro o que está desajustado, tudo por fora estará certo."

Trecho extraído do livro *Entender Conversando*,
Francisco Cândido Xavier/ Emmanuel, edição IDE.

RENOVAÇÃO

Ante os conflitos mentais com que somos defrontados, habituamo-nos a falar em desobsessão, liberação, cura espiritual, sedação, socorro magnético e, efetivamente, é impossível negar o valor dessas formas de auxílio.

Cabe-nos, porém, reconhecer que a renovação íntima é o fator básico de todo reequilíbrio nesse sentido.

Daí procede, leitor amigo, a organização deste volume despretensioso, englobando avisos, apelos, comentários e lembretes de irmãos para irmãos, no propósito de estudarmos juntos as nossas próprias necessidades.

Compreendamos que atuar no rendimento do bem de todos; projetar a luz da instrução sobre os labirintos da ignorância; efetuar o próprio burilamento; promover iniciativas de solidariedade; praticar a abnegação e realizar o melhor que possamos fazer de nós, onde estejamos, são alguns dos programas de ação que a todos nós compete.

Por isso mesmo, todos aqueles companheiros da Humanidade que não mais desejam:

zelar pela própria apresentação;

aprender uma lição nova;

multiplicar os interesses de viver;

acentuar estudos para discernir com mais segurança;

partilhar campanhas de educação e beneficência;

aperfeiçoar-se na profissão;

prestar serviço ao próximo;

adaptar-se a novidades construtivas;

acompanhar o progresso;

aprimorar expressões e maneiras;

altear ideias e emoções;

ler um livro recente;

adquirir mais cultura;

recomeçar um empreendimento que o fracasso esmagou;

aumentar o número das afeições;

sofrer complicações em favor dos amigos;

criar novos recursos de atividade edificante, em torno de si mesmo;

todos aqueles, enfim, que desistiram de qualquer transformação na própria senda, renunciando no dever de melhorar-se, mais e sempre, se fazem menos permeáveis ao apoio curativo ou libertador, seja com a intervenção da Ciência ou com o amparo da Religião.

Este livro é, desse modo, um convite a que nos desagarremos das sombras do desânimo ou da inércia, onde surjam, para nos colocarmos todos no encalço das realidades do Espírito, em nós mesmos, recordando a advertência do Mestre Inolvidável: "conhecereis a verdade, e a verdade vos fará livres".

E estejamos convencidos de que marchar para a verdade será sempre transitar para diante nos caminhos do burilamento e do trabalho, da renovação e da luz.

EMMANUEL

1

PENSAMENTO E DESOBSESSÃO

Falamos de pensamento livre.

Analise o corpo de que você se serve no plano material: do ponto de vista do autocontrole, é uma cabine perfeita com dispositivos especiais destinados a sua própria defesa.

O cérebro, com os centros diretivos da mente, funciona encerrado na caixa craniana, à maneira de usina quase lacrada num cofre forte.

Os olhos registram impressões, mas podem conservá-las em estudo discreto.

Os ouvidos são forçados a escutar o que lhes afete a estrutura, entretanto, não precisam dizer o que assinalam.

A voz é produzida na laringe, sem necessidade de arrojar de si palavras em desgoverno.

Mãos e pés por implementos de serviço não se movimentam sem determinações da vontade.

Os recursos do sexo não atuam sem comando mental.

Fácil, assim, verificar que não existe trabalho desobsessivo sem reajuste da emoção e da ideia, porquanto todos os processos educativos e reeducativos da alma se articulam, de início, no pensamento.

Eis por que Jesus enunciou, há quase vinte séculos: – "Não é o que entra pela boca que contamina o homem, mas sim aquilo que, impropriamente, lhe sai do coração".

André Luiz

Em quaisquer embaraços ou crises do caminho, somas as bênçãos que já possuis e reconhecerás que todo motivo para desalento é nuvem pequenina a desfazer-se no céu imenso de tuas possibilidades.

2

PEQUENAS REGRAS DE DESOBSESSÃO

Procure:

mais do que saber – dominar-se;

mais do que agir – elevar;

mais do que estudar – aprender;

mais do que pensar – discernir;

mais do que falar – educar;

mais do que aconselhar – servir;

mais do que escutar – compreender;

mais do que perdoar – amparar;

mais do que sofrer – resignar-se;

mais do que amar – sublimar.

Quando nos expressamos, usando o modo imperativo do verbo, não queremos dizer que nós outros – os amigos domiciliados no Mais Além – estejamos a cavaleiro dos obstáculos e dificuldades que oneram os companheiros do mundo.

Todos estamos ainda vinculados à Terra. E, na Terra, tanto adoece o cientista que cria o remédio, em favor dos enfermos, quanto os clientes que lhe desfrutam os recursos da inteligência; tanto carrega problemas o professor que ensina, quanto o aprendiz que se lhe beneficia do apoio cultural. Assim também na desobsessão. Todos os apontamentos que se relacionam com o assunto tanto se dirigem aos outros quanto a nós.

André Luiz

Se espera desculpa às próprias faltas, esqueça – mas esqueçamos, de todo coração –, as faltas dos outros.

3

TESTE DO PROCESSO DESOBSESSIVO

Verifique você:

se já consegue dispensar aos outros o tratamento que desejaria receber;

se adia a execução das próprias tarefas;

se reconhece que toda criatura humana é imperfeita quanto nós mesmos e que, por isso, não nos será lícito exigir do próximo testemunhos de santidade e grandeza na passarela do mundo;

se guarda fidelidade aos compromissos assumidos;

se cultiva a pontualidade;

se evita contrair débitos;

se orienta a conversação sem perguntas desnecessárias;

se acolhe construtivamente as críticas de que se faz objeto;

se fala auxiliando ou agredindo a quem ouve;

se conserva ressentimentos;

se sabe atrair amigos e alimentar afeições;

se mantém um autocontrole, na vida emotiva, como base de sua dieta mental.

Todos nós, os Espíritos em evolução na Terra, temos a nossa quota de obsessão, em maior ou menor grau. E todos estamos trabalhando pela própria libertação. À vista disso, de quando a quando, é sumamente importante façamos um teste de nosso processo desobsessivo, a fim de que cada um de nós observe, em particular, como vai indo o seu.

André Luiz

Uma árvore frutífera deve guardar a passagem de muitas estações, até que consiga fornecer os frutos da própria espécie.

4

EM DESOBSESSÃO

Aqueles companheiros na Terra:

que nos desfiguram as melhores intenções;

que nos falham à confiança;

que nos criam problemas;

que nos abandonam na hora difícil;

que nos induzem à tentação;

que nos impõem prejuízos;

que nos criticam os gestos;

que nos desencorajam as esperanças;

que nos desafiam à cólera;

que nos dificultam o trabalho;

que nos agravam os obstáculos;

que nos perseguem ou injuriam;

são geralmente os examinadores utilizados pela Espiritualidade Maior – através do mecanismo das provas – a fim de saber como vamos seguindo na obra libertadora da própria desobsessão.

Renteando com eles, acalme-se, observe, aproveite, agradeça e abençoe.

Albino Teixeira

A reencarnação é sempre evolução, recapitulação, ensino, aprendizado e reaprendizado e tudo isso custa esforço, obstáculo, suor; entretanto, em muitas circunstâncias, é trabalho expiatório, regeneração ou processo curativo.

5

RACIOCÍNIO ESPÍRITA

Servir onde estivermos e tanto quanto pudermos será sempre o programa para qualquer de nós – os tarefeiros encarnados e desencarnados do Evangelho – na faixa de trabalho em que nos situamos.

A Lei do Senhor compreende perfeitamente que disponhas de casa confortável, tão confortável quanto queiras, mas sem relegar à nudez os irmãos esfarrapados que te cruzam a porta; que te banqueteies, tanto quanto desejes e com quem desejes, mas sem largar o vizinho morrendo à fome por falta de pão; que te movimentes de carro, tanto quanto te proponhas, mas sem fugir de auxiliar os companheiros do caminho para que não vivam descalços; que ajuntes o dinheiro, por meios justos, no tamanho de teus ideais para o sustento de tuas realizações, mas sem negar aos irmãos em penúria a sobra de tuas obras; que uses os perfumes de tua predileção na esfera da apresentação pessoal, segundo o teu gosto, mas sem deixar o próximo em aflitivas necessidades materiais, desprevenido de sabão para a própria limpeza; que frequentes as diversões dignas, conforme a permissão de tua consciência, tanto quanto puderes, mas sem esquecer de levar, sempre que possível, algumas horas de alegria aos lares em sofrimento.

Em verdade, não consegues liquidar os problemas e provações que vergastam a Terra, mas podes e deves cooperar com a Lei do Senhor, na extensão da bondade e do socorro, na área de tua própria existência.

Deus nos dá o máximo de bênçãos.

Saibamos dar, pelo menos, o mínimo de nossas possibilidades.

Deus nos dá tudo.

Aprendamos a dar, pelo menos, um pouco.

ALBINO TEIXEIRA

Em qualquer progresso ou desenvolvimento de aquisições do mundo, nada se obtém sem paciência, amor, educação e serviço;

6

CIÊNCIA E VIDA

No mundo, possuímos centrais elétricas que asseguram a iluminação de grandes cidades. Impossível, no entanto, olvidar os milhões de criaturas que ainda se debatem nas trevas da ignorância.

Dispomos de usinas poderosas que geram a força indispensável à manutenção do trabalho em largas faixas do Globo. Forçoso lembrar, porém, que surpreendemos, em toda parte, legiões de pessoas tombadas em desânimo ou desespero, a caminho da criminalidade ou do suicídio, à míngua de energia espiritual.

Realizamos, com êxito, a ablação de tumores malignos. Necessário, todavia, observar que ainda não sabemos como impedir a formação dos quistos de ódio que infelicitam as almas.

Construímos palácios de moradia com todos os apetrechos da civilização. Imperioso, entretanto, anotar que em, nenhuma época do passado, tivemos que facear tantos processos de angústia e de obsessão.

Num átimo, escutamos essa ou aquela mensagem, expedida sem fio, de ponta a ponta do Planeta. Quase sempre, contudo, ignoramos de que modo ouvir, com serenidade e proveito, as queixas do próximo em sofrimento.

Transita-se agora da Terra para a Lua, ultrapassando-se as barreiras da gravitação. No entanto, muito de raro em raro, aprendemos a superar as trincheiras da indiferença ou da aversão para viajar de uma casa para outra ou de nossa alma para outra alma, a serviço da paz.

Ciência e vida; bendita seja a inteligência que esculpe as técnicas avançadas do progresso, responsáveis pelas novas facilidades humanas, entretanto, é preciso reconhecer que, sem Jesus Cristo aplicado à nossa própria vida, estaremos sempre andrajosos e famintos de coração.

Emmanuel

Perante quaisquer agravos, saibamos vacinar-nos contra o mal, usando a luz da compreensão e o amparo da bênção.

7

ABENÇOEMOS SEMPRE

Aquele que talvez consideres por inimigo unicamente porque te não pode satisfazer as reclamações será provavelmente um criatura pressionada por exigências que nunca te abordaram as áreas de ação.

O companheiro que se te afigura viciado, em vista dos hábitos infelizes a que se afeiçoa, até que se projetasse na sombra, terá sofrido tribulações para a travessia das quais é possível não disponhas ainda nem mesmo da metade das forças.

O irmão que alijou a carga de compromissos que lhe competia, em meio da estrada na qual jornadeias, haverá aguentado, no mais íntimo da própria alma, provas e conflitos, que provavelmente, até agora, não conseguistes imaginar.

O amigo que se te fez menos estimável, à face do desespero a que se entregou, até que isso acontecesse, terá suportado empeços e sacrifícios, que não pudeste perceber, até hoje, em momento algum.

A irmã que desistiu das obrigações a que se entrosava, até o instante de semelhante deliberação, haverá tolerado angústias das quais é possível jamais tenhas sofrido a mais ligeira mostra no coração.

Abstenhamo-nos de julgar. Nosso ponto de vista, ante os problemas dos outros, na maioria das vezes, pode ser apenas impertinência, descaridade, leviandade, constrição.

Deixa que o amor te enriqueça e te ilumine o espírito de justiça.

Diante daqueles que te pareçam caídos, silencia quando não possas auxiliar. Recorda que todos eles são igualmente nossos irmãos. E já que não sabemos até quando e até onde conseguiremos assegurar a própria resistência, à frente das tentações, saibamos entregar as dificuldades alheias à Bondade de Deus, cuja misericórdia cuidará delas, tanto quanto cuida e cuidará também das nossas.

Emmanuel

Amemos, estudemos, sirvamos, perdoemos e auxiliemos aos outros e a desobsessão será sempre a nossa precisa libertação por bendita luz a brilhar no caminho.

8

CHAVES LIBERTADORAS

Desgosto.

Qualquer contratempo aborrece.

No entanto, sem desgosto, a conquista de experiência é impraticável.

Obstáculo.

Todo empeço atrapalha.

Sem obstáculo, porém, nenhum de nós consegue efetuar a superação das próprias deficiências.

Decepção.

Qualquer desilusão incomoda.

Todavia, sem decepção, não chegamos a discernir o certo do errado.

Enfermidade.

Toda doença embaraça.

Sem a enfermidade, entretanto, é muito difícil consolidar a preservação consciente da própria saúde.

Tentação.

Qualquer desafio conturba.

Mas, sem tentação, nunca se mede a própria resistência.

Prejuízo.

Todo golpe fere.

Sem prejuízo, porém, é quase impossível construir segurança nas relações uns com os outros.

Ingratidão.

Qualquer insulto à confiança estraga a vida espiritual.

No entanto, sem o concurso da ingratidão que nos visite, não saberemos formular equações verdadeiras nas contas de nosso tesouro afetivo.

Desencarnação.

Toda morte traz dor.

Sem a desencarnação, porém, não atingiríamos a renovação precisa, largando processos menos felizes de vivência ou livrando-nos da caducidade no terreno das formas.

Compreendamos, à face disso, que não podemos louvar as dificuldades que nos rodeiem, mas é imperioso reconhecer que, sem elas, eternizaríamos paixões, enganos, desequilíbrios e desacertos, motivo pelo qual será justo interpretá-las por chaves libertadoras, que funcionam em nosso Espírito, a fim de que nosso Espírito se mude para o que deve ser, mudando em si e fora de si tudo aquilo que lhe compete mudar.

ANDRÉ LUIZ

9

MEDIUNIDADE E ESCRÚPULO

Frequentemente, encontramos muitos médiuns retardados em serviço, sob escrúpulos infundados. Afirmam-se receosos de auxiliar.

Qual se os Espíritos benevolentes e sábios devessem tratá-los à conta de máquinas, com evidente desrespeito à liberdade de cada um, incompreensivelmente, esperam pela inconsciência, a fim de serem úteis.

Os servos da luz e da verdade, no entanto, aspiram a encontrá-los na condição de companheiros de trabalho e não como sendo robôs ou fantoches sem noção de responsabilidade nos encargos que assumem.

Que dizer do escriturário que permanecesse no posto, incessantemente e nas mínimas circunstâncias, à espera de que o diretor do escritório lhe insensibilizasse a cabeça, a fim de atender às próprias obrigações? Do enfermeiro que só obedecesse na atividade assistencial aos doentes, quando o chefe do hospital lhe impusesse os constrangimentos da hipnose?

Convençamo-nos em Doutrina Espírita que estamos todos reunidos na Seara do Bem; que os imperativos do trabalho e da fraternidade se repartem na equipe; que os nossos ideais e compromissos se nos continuam uns nos outros; que a Obra da Redenção pertence fundamentalmente ao Cristo de Deus e não a nós. Compreendido isso, perceberemos, para logo, que ajudar aos irmãos em dificuldades e provas idênticas ou maiores que as nossas é simples dever e que, em matéria de escrúpulo, a preocupação só é válida quando nos entregamos aos arrastamentos do mal, com esquecimento de que estamos convidados, aceitos, engajados e mobilizados no serviço do bem aos outros, que redundará invariavelmente em nosso próprio bem.

EMMANUEL

Diante de quaisquer transes da vida, tudo venceremos se nos dispusermos a esquecer o mal, crer no bem e servir com amor.

10

DECÁLOGO DA DESOBSESSÃO

Não permita que ressentimento ou azedume lhe penetrem o coração.

Abençoe quantos lhe censuram a estrada, sem criticar a ninguém.

Jamais obrigue essa ou aquela pessoa a lhe partilhar os pontos de vista.

Habitue-se a esperar pela realização dos seus ideais, trabalhando e construindo para o bem de todos.

Abstenha-se de sobrecarregar os seus problemas com o peso inútil da ansiedade.

Cesse todas as queixas ou procure reduzi-las ao mínimo.

Louve – mas louve com sinceridade – o merecimento dos outros.

Conserve o otimismo e o desprendimento da posse.

Nunca se sinta incapaz de estudar e aprender, sejam quais forem as circunstâncias.

Esqueçamo-nos para servir.

André Luiz

Suceda o que suceder nas trilhas da vida, em matéria de amargura ou de aflição, ergue a fronte e caminha para diante, trabalha e aprende, abençoa e serve, porquanto, diante de Deus e à frente dos companheiros que se nos conservam fiéis, a palavra desânimo é quase sempre o outro nome da ingratidão.

11

REEQUILÍBRIO

A palavra *tratamento*, numa de suas mais justas acepções, significa processo de curar.

E existem tratamentos de vários modos.

Quando sofremos, por exemplo, os prejuízos da ignorância, buscamos o apoio da escola para que a instrução nos felicite com a luz do discernimento.

No dia da enfermidade, é forçoso recorrer à ciência médica, que se expressará em teu favor, através de medidas socorristas diversas.

Na solução de necessidades primárias da vida orgânica, quanto mais alto o gabarito da educação, mais imperioso se torna o concurso especializado. Daí os quadros crescentes de higienistas, odontólogos, enfermeiros e assistentes sociais.

Ocorre o mesmo no reino do Espírito, quanto à cura da alma.

Antes da reencarnação, a criatura que se vê defrontada por obrigações de resgate e reajuste, é levada, espontaneamente ou não, a renascer, junto dos companheiros de antigas faltas, a fim de granjear os recursos indispensáveis à própria quitação diante da Lei.

Por essa razão, verificarás que não é difícil amar a humanidade em seu conjunto, mas nunca fácil harmonizar-se na organização doméstica, onde a vida nos transforma, transitoriamente, em instrutores particularizados uns dos outros. É que o lar ou o grupo de serviço, nas teias da consanguinidade ou da convivência, se erigem como sendo escolas de emenda, institutos de reabilitação ou pequenos sanatórios do sentimento – pontos-chaves do processo para cada um de nós – porquanto, em casa ou no círculo íntimo, encontramos o lugar certo para o encontro exato com os parceiros difíceis de outros tempos, junto dos quais, durante o período da reencarnação, adquiriremos o tratamento espiritual que nos é indispensável à conquista do amor, a única força capaz de assegurar-nos a ascensão para a vida eterna.

Emmanuel

Amigos, convençamo-nos de que aversões, animosidades, conflitos acalentados e ressentimentos, sejam quais forem, são pontos de contato para tomadas de obsessão e toda obsessão é entretecida de trevas.

12

CONCLUSÃO ESPÍRITA

Ante o serviço da seara espírita cristã, há quem recue, alegando carregar consigo excessiva carga de defeitos e imperfeições.

Entretanto, ponderemos:

Se tivéssemos resolvido todos os nossos problemas da vida externa...

Se todos os nossos conflitos interiores quedassem extintos...

Se fôssemos Espíritos tão elevados que só atraíssemos criaturas enobrecidas...

Se houvéssemos pago todos os débitos de nossas existências passadas, a ponto de conservarmos em nosso grupo afetivo ou doméstico apenas amigos de eleição...

Se vivêssemos inatingíveis a desejos inferiores...

Se guardássemos conosco todos os valores da educação...

Se estivéssemos tão intimamente unidos ao poder do bem, que não considerássemos, de modo algum, a existência do mal, ainda mesmo quando o mal nos fustigue...

Se possuíssemos uma fé absoluta...

Se amássemos a todos os nossos irmãos, quaisquer que sejam, como Jesus nos amou...

Se já fôssemos tão humildes, que conseguíssemos atribuir unicamente a Deus a autoria e a posse dos bens de que sejamos depositários e instrumentos na vida, reservando para nós simplesmente o privilégio do dever retamente cumprido...

Decerto que o esforço espiritual cristão, em nosso caminho, careceria de significado, porquanto a nossa presença em serviço não seria no clima da Terra, mas, sim, na cúpula da Direção Divina do Mundo, em plena glória celestial.

Albino Teixeira

Qual acontece ao veículo mais singelo, você pode perfeitamente auxiliar nos caminhos da vida, arrancar um companheiro dessa ou daquela dificuldade, carregar um doente, transportar uma carta confortadora, entregar um remédio ou distribuir alimento.

13

MEDIUNIDADE E VOCÊ

Intuição – Exerça a faculdade da percepção clara e imediata, mas, para ampliar-lhe a área de ação, procure alimentar bons pensamentos de maneira constante.

Clarividência – Agradeça a possibilidade de ver no plano espiritual; no entanto, no esforço do dia-a-dia, detenha-se no lado bom das situações e das pessoas, para que os seus recursos não se comprometam com o mal.

Clariaudiência – Regozije-se por escutar os desencarnados; todavia, aprenda a ouvir no cotidiano para construir a felicidade do próximo, defendendo-se contra a queda nas armadilhas da sombra.

Psicofonia – Empreste suas forças para que os Espíritos falem com os homens; contudo, na experiência comum, selecione palavras e maneiras, a fim de que o seu verbo não se faça veículo para a influência das trevas.

Psicografia – Escreva com as entidades domiciliadas fora do mundo físico, mas habitue-se a escrever em benefício da paz e da edificação dos semelhantes, impedindo que a sua própria inteligência se faça canal de perturbação.

Materialização – Dê corpo às formações do plano extrafísico; entretanto, acima de tudo, concretize as boas obras.

Curas – Aplique passes e outros processos curativos, em favor dos enfermos; no entanto, conserve as suas mãos na execução dos deveres e tarefas que o Senhor lhe confiou.

Transportes – Colabore com os seus recursos psíquicos, no trazimento de objetos sem toque humano, mas carregue a caridade consigo para que ela funcione, onde você estiver.

Premonição – Rejubile-se com a responsabilidade de prever acontecimentos; todavia, busque sentir, pensar e realizar o melhor ao seu alcance, na movimentação de cada dia, para que a sua conversa não se transforme em trombeta de pessimismo e destruição.

Mediunidade em geral – Qualquer mediunidade serve a fim de cooperar no parque de fenômenos para demonstrações da existência do Espírito, mas não se esqueça de que a condução dos valores mediúnicos, para o bem ou para o mal, é assunto que está em você e depende de você em qualquer circunstância e em qualquer lugar.

André Luiz

14

POSSE ESPÍRITA

O espírita é o companheiro da Humanidade que possui:

tanta compreensão, que ainda mesmo nas situações difíceis, contra si próprio, jamais descamba na suscetibilidade ou na queixa;

tanta energia de ideal, que nunca se dobra às sugestões do desânimo, por piores sejam as crises que atravesse;

tanto otimismo que, mesmo nas mais escabrosas provações, sabe sempre sorrir e encorajar os seus irmãos;

tanto espírito de serviço, que não se cansa, em tempo algum, de repetir a doação do auxílio que possa fazer, em benefício dos semelhantes;

tanta fé na Providência Divina, que jamais se permite mergulhar no desespero ou na aflição;

tanto anseio de luz, que não cessa de estudar, sejam quais sejam as circunstâncias;

tanto entendimento, que nunca se deixa enredar por intriga ou maledicência, encontrando sempre algum meio de amparar as vítimas das trevas, no caminho da reabilitação;

tanto devotamento à fraternidade, que nada sabe acerca de revide ou desforra, por viver constantemente no clima da caridade e do perdão;

tanta dedicação ao trabalho, que não se compraz na ociosidade, ainda quando disponha de avançados recursos materiais;

tanta vontade de seguir os exemplos do Cristo de Deus, que não encontra qualquer prazer em comentar o mal, em vista de trazer o coração incessantemente voltado para o exercício do bem.

Em suma, o espírita é proprietário de valores e bênçãos no reino da alma, capaz de ser feliz na abastança ou na carência, na elevação social ou no lugar mais singelo do mundo, de vez que carrega em si e por si os tesouros de vida eterna.

Albino Teixeira

Muitos companheiros se marginalizam em descanso indébito, junto à seara do bem, alegando que não suportam os chamados problemas intermináveis do mundo; desejariam a estabilidade e a harmonia por fora, a fim de se mostrarem satisfeitos na Terra, quando a harmonia e a estabilidade devem morar por dentro de nós, de modo a que nossos encargos, à frente do próximo, se façam corretamente cumpridos.

15

CONSIDERAÇÃO ESPÍRITA

Dos outros recebemos a calúnia, mas igualmente dos outros recolhemos o louvor que, em muitas ocasiões, ao exaltar-nos imerecidamente, nos fortalece para sermos afinal o que devemos ser e como devemos ser.

Dos outros apanhamos o prejuízo, mas dos outros obtemos a dádiva.

De outros vem o fel; no entanto, de outros surge o bálsamo;

Dos outros procede a ingratidão que tanta vez nos deprime; contudo, igualmente dos outros nasce a generosidade que nos levanta o coração para o Alto.

Dos outros chegam até nós pensamentos obsessivos; entretanto, dos outros colhemos benditas inspirações que nos induzem à elevação e ao progresso.

Dos outros se origina a crítica que desencoraja, mas dos outros provém o estímulo à execução de nossa tarefa, alentando-nos as forças a fim de que possamos cumprir os deveres que a vida nos atribui.

O campo de nossas relações uns com os outros, no fundo, assemelha-se a gleba de plantio. Em meio a terreno valioso, surpreendemos escalracho, pântano, pedregulho... Se nos comportarmos, porém, com atenção, administrando entendimento e amparo ao trato de solo que se nos confiou, em tempo estreito, conseguiremos a regeneração da terra e a riqueza da produção. Aproveitemos o símile, no intercâmbio fraternal, porque, se dos outros recebemos os impactos da provação e da sombra, da dificuldade e da amargura, é também através dos outros que Deus nos socorre e abençoa, invariavelmente e cada vez mais.

Albino Teixeira

Em cada ciclo de vinte e quatro horas, separa diminuta área de tempo, quando não possas fazê-la mais ampla, para estudo e meditação, silêncio e prece.

16

O ESPÍRITA NA MULTIDÃO

O espírita cristão, porque busca realmente compreender Jesus e raciocinar no Evangelho, é alguém sob regime de fiscalização permanente. Daí procedem as múltiplas contradições nas críticas que recebe.

Habitualmente, se é generoso, a multidão em torno dirá dele: "é perdulário". Se economiza: "é avarento". Se mantém a disciplina: "é ditador". Se não observa condições e horário: "é irresponsável". Se diligencia renovar as normas conhecidas: "é revolucionário". Se conserva os padrões de hábito: "é inerte". Se usa franqueza: "é descaridoso". Se contemporiza: "é hipócrita". Se brinca: "é irreverente". Se chora: "é obsesso". Se comunicativo: "é estouvado". Se discreto: "é orgulhoso". Se estuda intensivamente: "é afetado". Se estuda menos: "é ignorante". Se colabora com afinco na assistência social: "é santarrão". Se coopera menos na beneficência de ordem material: "é preguiçoso". Se revela ardente fervor nas convicções: "é fanático". Se analisa, como é necessário, as instruções em andamento: "é um céptico". Se trabalha com grande número de pessoas: "é demagogo". Se trabalha em ambiente restrito: "é insociável".

Efetivamente, a multidão é nossa família e nada justificaria qualquer propósito de nos distanciarmos dela, a pretexto de superioridade individual. Somos claramente chamados a servi-la. Com ela e por ela, é que também nos despojaremos das imperfeições que nos marcam a vida. Ainda assim, conquanto amando-a e abençoando-a, não nos seria lícito esquecer que ela própria, um dia, preferiu Barrabás a Jesus, em lamentável engano. Atentos a isso, onde estiveres e como estiveres, coloca-te acima das opiniões humanas, e serve a Jesus servindo à multidão, ofertando à seara do bem o que fores e o que tiveres de melhor.

EMMANUEL

Recorde que decepções, embaraços, desenganos e provações são marcos no caminho de todos e que, por isso mesmo, para evitar o próprio enfaixamento na obsessão o que importa não é o sofrimento que nos visite e sim a nossa reação pessoal diante dele.

17

ESTRELA OCULTA

Quando a tempestade da cólera explode no ambiente, despedindo granizos dilacerantes, vemo-la por antena de amor, isolando-lhe os raios, e se o temporal da revolta encharca os que tombam na estrada sob o visco da lama, ei-la que surge igualmente por força neutralizante, subtraindo o lodo e aclarando o caminho...

Remédio nas feridas profundas que se escondem na alma, ante os golpes da injúria, é bálsamo invisível, lenindo toda chaga.

Socorro nobre e justo, é a luz doce da ausência, ajudando e servindo onde a leviandade arroja fogo e fel.

Filha da compaixão, auxilia sem paga, impedindo a extensão da maldade infeliz...

Ante a sua presença, a queixa descabida interrompe-se e para, e o verbo contundente empalidece e morre.

Onde vibra, amparando, todo ódio contém-se, e o incêndio da impiedade apaga-se de chofre...

Acessível a todos, vemo-la em toda parte, onde o homem cultiva a caridade simples, debruçando-se, pura, à maneira de aroma envolvente e sublime, anulando o veneno em que a treva se nutre...

Guardemo-la conosco, onde formos chamados, sempre que o mal reponte, delinquente e sombrio, porque essa estrela oculta, ao alcance de todos, é a prece do silêncio em clima de perdão.

Emmanuel

Deixe que os outros vivam a existência deles, tanto quanto você deseja viver a existência que Deus lhe deu.

18

QUANDO...

Quando compreendermos que vingança, ódio, desespero, inveja ou ciúme são doenças claramente ajustáveis à patologia da mente, requisitando amor e não revide...

Quando interpretarmos nossos irmãos delinquentes por enfermos da alma, solicitando segregação para tratamento e reeducação e não censura ou castigo...

Quando observarmos na caridade simples dever...

Quando nos aceitarmos na condição de Espíritos em evolução, ainda portadores de múltiplas deficiências e que, por isso mesmo, o erro do próximo poderia ser debitado à conta de nossas próprias fraquezas...

Quando percebermos que os nossos problemas e as nossas dores não são maiores que os de nossos vizinhos...

Quando nos certificarmos de que a fogueira do mal deve ser extinta na fonte permanente do bem...

Quando nos capacitarmos de que a prática incessante do serviço aos outros é o dissolvente infalível de todas as nossas mágoas...

Quando nos submetermos à lei do trabalho, dando de nós sem pensar em nós, no que tange a facilidades imediatas...

Quando abraçarmos a tarefa da paz, buscando apagar o incêndio da irritação ou da cólera com a bênção do socorro fraternal e abstendo-nos de usar o querosene da discórdia...

Quando, enfim, nos enlaçarmos, na experiência comum, na posição de filhos de Deus e irmãos autênticos uns dos outros, esquecendo as nossas faltas recíprocas e cooperando na oficina do auxílio mútuo, sem reclamações e sem queixas, a reconhecer que o mais forte é o apoio do mais fraco e que o mais culto é o amparo do companheiro menos culto, então, o egoísmo terá desaparecido da Terra, para que o Reino do Amor se estabeleça, definitivo, em nossos corações.

André Luiz

Se a irritação nos destempera, silenciemos a palavra, até que passe a tormenta da ira.

19

EDUCANDÁRIO DE LUZ

Ninguém se reconheceria fora da paciência e do amor que Jesus nos legou, se todos frequentássemos a universidade da beneficência, cujos institutos de orientação funcionam, quase sempre, nas áreas da retaguarda.

Aí, nos recintos da penúria, as lições são administradas, ao vivo, através das aulas inumeráveis do sofrimento.

Tanto quanto possas e, mais demoradamente nos dias de aflição, quando tudo te pareça convite ao desalento, procura experiência e compreensão nessa escola bendita, alicerçada em necessidades e lágrimas.

Se contratempos te ferem nos assuntos humanos, visita os irmãos enfermos, segregados no hospital, a fim de que possas aprender a valorizar a saúde que te permite trabalhar e renovar a esperança.

Quando te atormente a fome de sucesso nos temas afetivos e a ventura do coração se te afigure tardia, toma contato com aqueles companheiros que habitam furnas abandonadas, para quem a solidão se fez o prato de cada dia.

Ante os empeços da profissão com que o mundo te honra a existência, consagra alguns minutos a escutar o relatório dos pais de família, entregues ao desespero por lhes escassearem recursos à própria subsistência.

E, se experimentas dissabores, perante os filhos que te enriquecem a alma de esperança e carinho, à face das tribulações que lhes gravam a vida, observa aqueles outros pequeninos que caminham nas trilhas do mundo, sem tutela de pai ou mãe que os resguarde, atirados à noite da criminalidade e da ignorância.

Matricula-te no educandário da caridade e guardarás a força da paciência.

Enriquece de cultura os dotes que te enfeitam a personalidade e realiza na Terra os nobres ideais afetivos que te povoam os pensamentos, no entanto, se queres que a felicidade venha morar efetivamente contigo, auxilia igualmente a construir a felicidade dos outros.

Nosso encontro com aqueles que sofrem dificuldades e provações maiores que as nossas será sempre, em qualquer lugar, o nosso mais belo e mais duradouro encontro com Deus.

EMMANUEL

20

VIBRAÇÕES

Entendendo-se o conceito de vibrações, no terreno do Espírito, por oscilações ou ondas mentais, importa observar que exteriorizamos constantemente semelhantes energias. Disso decorre a importância das ideias que alimentamos.

Em muitas fases da experiência terrestre, nos desgastamos com as nossas próprias reações intempestivas, ante a conduta alheia, agravando obstáculos ou ensombrando problemas.

Se nos situássemos, porém, no lugar de quantos nos criem dificuldades, estaríamos em novo câmbio de emoções e pensamentos, frustrando descargas de ódio e violência, angústia ou crueldade que viessem a ocorrer em nossos distritos de ação.

Experimenta a química do amor no laboratório do raciocínio.

Se alguém te fere, coloca-te, de imediato, na condição do agressor e reconhecerás, para logo, que a compaixão deve envolver aquele que se entregou inadvertidamente ao ataque para sofrer em si mesmo a dor do desequilíbrio.

Se alguém te injuria, situa-te na posição daquele que te apedreja o caminho e perceberás, sem detença, que se faz digno de piedade todo aquele que assim procede, ignorando que corta na própria alma, induzindo-se à dor do arrependimento.

Se te encontras sob o cerco de vibrações conturbadoras, emite de ti mesmo aquelas outras que se mostrem capazes de gerar vida e elevação, otimismo e alegria.

Ninguém susta golpes da ofensa com pancadas de revide, tanto quanto ninguém apaga fogo a jorros de querosene.

Responde a perturbações com a paz.

Ante o assalto das trevas faze luz.

Se alguém te desfecha vibrações contrárias à

tua felicidade, endereça a esse alguém a tua silenciosa mensagem de harmonia e de amor com que lhe desejes felicidade maior.

Disse-nos o Senhor: "Batei e abrir-se-vos-á. Pedi e obtereis".

Este mesmo princípio governa o campo das vibrações.

Insiste no bem e o bem te garantirá.

EMMANUEL

21

LONGE DA LUZ

Como observar a atitude daqueles que desistem das atividades espíritas, depois de esposarem tarefas doutrinárias?

Evidentemente, a livre escolha nos comanda as decisões em todas as áreas do pensamento, entretanto, é forçoso anotar que o abandono dos compromissos, ante o Cristo de Deus, é sempre lamentável, porque, se no campo das bênçãos que nos felicitam, aparecem dificuldades a superar, esses mesmos obstáculos serão muito maiores noutros climas.

Sofres injúria e sarcasmo, ao lado de amigos que te compartilham a fé e te alentam as forças, mas se foges deliberadamente ao convívio deles, padecerás semelhantes provações muito mais intensivamente, à distância desses companheiros e benfeitores de cuja proteção te demites.

Arrostas tentações na seara do bem que te ampara contra os arrastamentos ao mal, no entanto, se desertas do encargo que te coube na obra de apoio aos semelhantes, exporás o coração em deplorável temeridade ao ataque das trevas, já que te retiras da cobertura espiritual que te garante a segurança possível.

Se nos aborrecemos com a disciplina humana, o que seremos nós, desde que nos reconhecemos todos ainda longe das qualidades angélicas?

Se abolimos a prece na vivência cotidiana, como harmonizar as energias da própria alma, a fim de compreender a vida, no tumulto das experiências menos felizes?

Provavelmente estaremos atravessando crises e empeços nos caminhos da luz, mas se nos ausentamos voluntariamente da luz para acomodar-nos com a sombra, decerto que a nossa situação, em qualquer terreno, se fará pior.

EMMANUEL

Aceite suas desilusões com realismo, extraindo delas o valor da experiência, sem perder tempo com lamentações improdutivas.

22

ANOTAÇÃO EM SERVIÇO

Corrigir-nos sim e sempre.

Condenar-nos não.

Valorizemos a vida pelo que a vida nos apresente de útil e belo, nobre e grande.

Mero dever melhorar-nos, melhorando o próprio caminho, em regime de urgência, todavia, abstermo-nos do hábito de remexer inutilmente as próprias feridas, alargando-lhes a extensão.

Somos Espíritos endividados de outras eras e, evidentemente, ainda não nos empenhamos, como é preciso, ao resgate de nossos débitos, no entanto, já reconhecemos as próprias contas com a disposição de extingui-las.

Virtudes não possuímos, contudo, já não mais descambamos, conscientemente, para criminalidade e vingança, violência e crueldade.

Não damos aos outros toda felicidade que lhes poderíamos propiciar, entretanto, voluntariamente, não mais cultivamos o gosto de perseguir ou injuriar seja a quem seja.

Indiscutivelmente, não nos dedicamos, de todo, por enquanto, à prática do bem, como seria de desejar, todavia, já sabemos orar, solicitando à Divina Providência nos sustente o coração contra a queda no mal.

Não conseguimos infundir confiança nos irmãos carecentes de fé, no entanto, já aprendemos a usar algum entendimento no auxílio a eles.

Por agora, não logramos romper integralmente com as tendências infelizes que trazemos de existências passadas, mas já nos identificamos na condição de Espíritos inferiores, aceitando a obrigação de reeducar-nos.

Servos dos servos que se vinculam aos obreiros do Senhor, na Seara do Senhor, busquemos esquecer-nos, a fim de trabalhar e servir. Para isso, recordemos as palavras do Apóstolo Paulo, nos versículos 9 e 10, do capítulo 15, de sua Primeira Carta aos Coríntios: - "Não sou digno de ser chamado apóstolo, mas pela graça de Deus, já sou o que sou."

EMMANUEL

23

FIDELIDADE

Sem dúvida, não nos pede o Senhor votos reluzentes na boca, nem promessas brilhantes.

Jesus não necessita nem mesmo das nossas afirmações labiais de fé, nem tampouco de manifestações adorativas.

Conta, sim, com a nossa fidelidade, sejam quais forem as circunstâncias.

Se o dia resplende o céu azul, tenhamos a coragem de romper com todas as sugestões de conforto próprio, avançando à frente...

Se a tempestade relampeia no teto do mundo, cultivemos bastante abnegação para sofrer o granizo e o vento, demandando o horizonte que nos cabe atingir.

De todos os lados, invariavelmente, chegarão apelos que nos convidam à deserção. Elogios e injúrias, pedrada e incenso aparecerão, decerto, como procurando entorpecer-nos a consciência, no entanto, a cavaleiro de uns e outros, é imperioso recordar o Divino Mestre, na pessoa do próximo, e buscá-lo sem pausa, através do bem incessante.

Somos poucos; no entanto, com Ele no coração, teremos o suficiente para executar as obrigações com que fomos honrados.

Saibamos conservar a fidelidade, como quem alça ininterruptamente a luz nas trevas, pois que, em muitos lances da vida, precisamos muito mais de lealdade no Espírito que de pão para o corpo.

Para que semelhante vitória nos coroe o caminho, tanta vez solitário e espinhoso, o segredo é suportar, e o lema é servir.

Batuíra

O seu pior momento na vida é sempre o instante de melhorar.

24

TRABALHO E SACRIFÍCIO

Filhos, todo trabalho é santo, contudo, é forçoso não esquecer a santidade maior do trabalho de sacrifício na exaltação do bem:

quando tudo parece obstáculo intransponível;

quando a dificuldade econômica nos exaurir as últimas energias;

quando a enfermidade parece eliminar-nos todas as forças;

quando a solidão nos envolve em seu manto imponderável de cinza;

quando a calúnia nos fere, de rijo, ameaçando prostrar-nos o coração;

quando a maioria dos companheiros nos estende o fel da dúvida em troca de nossas esperanças mais belas;

quando a tentação nos cerca o espírito necessitado de segurança, ofertando vantagens materiais à custa de nossa deserção do dever a cumprir;

quando o desânimo, por frio doloroso, busca entorpecer-nos as fibras mais íntimas;

quando o cárcere de nossos testemunhos se ergue, aflitivo, portas a dentro de nossa própria casa, aprisionando-nos em superlativo sofrimento moral...

Nesses minutos supremos, é preciso trabalhar mais, confiando-nos à Bênção Divina, que brilha, infatigável, no Trabalho Maior.

Trabalhar, sim, porque é trabalhando no bem de todos que enxugaremos as próprias lágrimas e venceremos as próprias fraquezas, de modo a que todo mal nos esqueça, por invulneráveis às arremetidas da sombra.

Filhos, não vos deixeis abater diante da luta. O apostolado da redenção inclui todas as dores. Lembremo-nos de que, perseguido e tentado, Jesus trabalhou sempre... Ainda mesmo na cruz, à frente da morte, trabalhou na obra do perdão sem limites. E não nos esqueçamos de que é pelo trabalho que poderemos responder ao Divino Apelo que, há muitos séculos, fluiu da Divina Palavra:

– "Sê fiel e dar-te-ei a coroa da vida."

Batuíra

25

PROFILAXIA DA ALMA

De múltiplos modos, enxergamos a intervenção dos outros na salvação alheia, quando o perigo ameaça.

Bombeiros, aqui e além, arrebatam criaturas ao império do incêndio, repondo-as em segurança.

Médicos se devotam a enfermos, preservando-lhes a vida.

Em todos os recantos da Terra, guardiões dedicados das vias públicas arrancam à morte legiões de pessoas, todos os dias.

Um amigo acompanha outro amigo em dificuldade, caminha com ele, durante algum tempo, amparando-lhe os compromissos e livra-lhe o passo de precipitação em falência.

E, entre o Plano Espiritual e o Plano Físico, nós, os desencarnados, observamos, de maneira incessante, os testemunhos de solidariedade e carinho de amigos inúmeros, domiciliados no Mais Além, que se empenham no auxílio aos companheiros que deixaram no mundo. E isso ocorre, nos menores setores da vivência terrestre.

Aqui, é preciso suplementar a cautela de alguém, alertando-lhe a memória para fechar o gás ou desligar a força elétrica, prevenindo acidentes; ali, é necessário escoltar uma criança, pelos fios intangíveis do pensamento, frustrando-lhe quedas fatais; além, é forçoso socorrer um motorista descuidado, induzindo-o a verificar essa ou aquela peça do carro de que se vai servir, coibindo desastre possível; mais adiante, é indispensável sugerir a determinados companheiros, em divertimento, a cessação de pequenos abusos, suscetíveis de impulsioná-los a processos de obsessão.

De múltiplos modos – repetimos – anotamos o amor e a fraternidade operando na salvação alheia, entretanto, para que não venhamos a tombar nas trevas da ira ou do ódio, do orgulho ou da crueldade, só conhecemos um tipo de profilaxia espiritual: cada criatura deve orar, asserenar-se, abençoar os semelhantes, compreender que todos somos necessitados da Misericórdia Divina e resguardar a si mesma.

Emmanuel

26

PROMOÇÃO

Quando o fracasso nos desafia de perto...

Quando a tentação e a enfermidade nos visitam...

Quando a nossa esperança se dissolve no sofrimento...

Quando a provação se nos afigura invencível...

Quando somos apontados pelo dedo da injúria...

Quando os próprios amigos nos abandonam...

Quando todas as circunstâncias nos contrariam...

Quando a mágoa aparece...

Quando a incompreensão nos procura, ameaçadora...

Quando somos intimados a esquecer-nos, em benefício de outros...

Então, é chegado para nós o teste de aproveitamento espiritual, na escola da vida, para efeito de promoção.

Albino Teixeira

Mais vale sofrer que gerar o sofrimento, de vez que todos quantos padecem, arremessados à vala da provação pela crueldade dos outros, encontram em si mesmos os necessários recursos de reconforto e de reajuste, ao mesmo tempo que os empreiteiros do mal suportarão as lesões mentais que impõem a si mesmos, nos conflitos da consciência.

27

NOTA EM DESOBSESSÃO

O ingrato é doente da memória.

O indiferente é enfermo da atenção.

O orgulhoso é doente da ideia.

O fraco é enfermo da vontade.

O caluniador é doente da língua.

O delinquente é enfermo da emoção.

O sovina é doente da sensibilidade.

O malicioso é doente da visão.

O imprudente é enfermo do impulso.

O desequilibrado é doente da razão.

Convençamo-nos de que há enfermidades

específicas na alma, como existem doenças determinadas no corpo.

Consequentemente, é preciso lembrar que assinar recibos de ofensas será o mesmo que tratar um doente, adquirindo-lhe, impensadamente, a enfermidade.

Perante quaisquer agravos, desse modo, saibamos vacinar-nos contra o mal, usando a luz da compreensão e o amparo da bênção.

Albino Teixeira

Empeços materiais persistem conosco, por tempo enorme, contudo, acabamos notando que sem eles, quase sempre, ser-nos-ia impraticável a consolidação do equilíbrio espiritual.

28

ERRADICAÇÃO DO MAL

Com exceção daqueles que vivem na Terra, no desempenho de tarefas especializadas de amor e elevação, todos os Espíritos que se encarnam ou reencarnam no mundo, se conservam no plano físico, assinalados em compromissos diversos, como sejam:

necessidades de evolução;

imperativos de burilamento;

encargos expiatórios;

supressão de conflitos.

Em vista disso, as piores calamidades suscetíveis de ocorrer na existência particular da criatura serão sempre:

não conhecer obstáculos;

ignorar limitações;

jamais facear o peso do fracasso;

não ter opositores;

não atravessar desilusões;

não suportar, alguma vez, o vazio da solidão.

Isso porque, só a crise e o sofrimento realizam a mudança, e só a mudança determina a renovação, através da qual o bisturi da vida pode fazer a erradicação do mal, no âmago de nós mesmos.

Albino Teixeira

Necessário conservar o coração agradecido a Deus para que as aflições não nos deteriorem os sentimentos.

29

IMUNIZAÇÃO ESPIRITUAL

Se te decides, efetivamente, a imunizar o coração contra as influências do mal, é necessário te convenças:

que todo minuto é chamamento de Deus à nossa melhoria e renovação;

que toda pessoa se reveste de importância particular em nosso caminho;

que o melhor processo de receber auxílio é auxiliar em favor de alguém;

que a paciência é o principal ingrediente na solução de qualquer problema;

que sem amor não há base firme nas construções espirituais;

que o tempo gasto em queixa é furtado ao trabalho;

que desprezar a simpatia dos outros, em nossa tarefa, é o mesmo que pretender semear um campo sem cogitar de lavrá-lo;

que não existem pessoas perversas e, sim, criaturas doentes a nos requisitarem amparo e compaixão;

que o ressentimento é sempre foco de enfermidade e desequilíbrio;

que ninguém sabe sem aprender e ninguém aprende sem estudar;

e que, em suma, não basta pedir aos Céus, através da oração, para que baixem à Terra, mas também cooperar, através do serviço ao próximo, para que a Terra se eleve igualmente para os Céus.

EMMANUEL

Deus nos dá o máximo de bênçãos.

Saibamos dar, pelo menos, o mínimo de nossas possibilidades.

Deus nos dá tudo.

Aprendamos a dar, pelo menos, um pouco.

30

SEM DESÂNIMO

Se você deixou de trabalhar, entrando em desânimo, examine o tráfego numa rua simples.

Ônibus, automóveis, caminhões, ambulâncias e viaturas diversas passam em graus de velocidade diferente, cumprindo as tarefas que lhes foram assinaladas.

Nenhum veículo segue sem objetivo e sem direção.

Observe, porém, o carro parado, fora da pista.

Além de constituir uma tentação para malfeitores e um perigo no trânsito, é também um peso morto na economia geral, porquanto foge do bem que lhe cabe fazer.

Entretanto, se o dono resolve recuperá-lo, aparecem, de pronto, motoristas abnegados, que se empenham a socorrê-lo.

Considera a lição e não gaste o seu tempo, acalentando enguiços na própria alma, que farão de você um trambolho para os corações queridos que lhe partilham a marcha.

Qual acontece ao veículo mais singelo, você pode perfeitamente auxiliar nos caminhos da vida, arrancar um companheiro dessa ou daquela dificuldade, carregar um doente, transportar uma carta confortadora, entregar um remédio ou distribuir alimento.

Se você quiser, realmente, largar o cantinho da inércia, rogue amparo aos Espíritos Benevolentes e Sábios que funcionam, caridosamente, na condição de mecânicos da Providência Divina, e eles colocarão você, mas para que isso aconteça, é preciso, antes de tudo, que você pense em servir, dispondo-se a começar.

André Luiz

Dor é aviso, obstáculo é medida de resistência, desilusão é reajuste, contratempo é lição. Se sabemos aceitá-los, transformam-se-nos sempre em dispositivos para a obtenção da felicidade maior.

31

DIANTE DA TERRA

Teríamos sido, porventura, situados na gleba do mundo para fugir de colaborar no progresso do mundo, quando o mundo nos provê com todas as possibilidades necessárias ao progresso de nós mesmos?

Muitos companheiros se marginalizam em descanso indébito, junto à seara do bem, alegando que não suportam os chamados problemas intermináveis do mundo; desejariam a estabilidade e a harmonia por fora, a fim de se mostrarem satisfeitos na Terra, quando a harmonia e a estabilidade devem morar por dentro de nós, de modo a que nossos encargos, à frente do próximo, se façam corretamente cumpridos.

O mundo, em todo tempo, é uma casa em

reforma, com a lei da mudança a lhe presidir todos os movimentos através de metamorfoses e dificuldades educativas.

O progresso é um caminho que avança. Daí, o imperativo de contarmos com oposições e obstáculos toda vez que nos engajamos na edificação da felicidade geral.

Omissão, no entanto, é parada significando recuo.

Entendamo-nos na posição de obreiros sob pressão de crises renovadoras.

Todos faceamos permanentemente renovação, a cada passo da vida.

Nem tudo o que tínhamos ontem por certo, nos quadros exteriores da experiência, continua como sendo certo nas horas de hoje. Os ideais e objetivos prosseguem os mesmos, a nos definirem aspiração e trabalho, entretanto, modificaram-se instrumentos e condições, estruturas e circunstâncias.

A Terra, porém, nos pede cooperação no levantamento do bem de todos, e a ordem não é deserção e sim adaptação. Em suma, estamos chamados à vivência no mundo, a fim de compreender e melhorar a vida em nós e em torno de nós, servindo ao mundo sem deixarmos de ser nós mesmos e buscando a frente, mas sem perder o passo de nossos contemporâneos, para que não venhamos a correr o risco de seguir para a frente demais.

EMMANUEL

32

DIRETRIZ

Filhos, o Senhor nos abençoe.

Ante as lições do Evangelho, estejamos convencidos de que em todas as crises da existência, como sejam:

Problemas...

Dificuldades...

Incompreensões...

Injúrias...

Provas...

Lutas...

Tribulações...

Amarguras...

Sofrimentos...

Desafios...

Perseguições...

Angústias...

Desilusões...

Tristezas...

Humilhações...

Calúnias...

Sofismas...

Preterições...

Aflições...

Obstáculos...

Privações...

Diante de quaisquer transes da vida, tudo venceremos se nos dispusermos a esquecer o mal, crer no bem e servir com amor.

Bezerra de Menezes

Abstenhamo-nos de julgar. Nosso ponto de vista, ante os problemas dos outros, na maioria das vezes, pode ser apenas impertinência, descaridade, leviandade, constrição.

33

Dez maneiras de amar a nós mesmos

1 – Disciplinar os próprios impulsos.

2 – Trabalhar, cada dia, produzindo o melhor que pudermos.

3 – Atender aos bons conselhos que traçamos para os outros.

4 – Aceitar sem revolta a crítica e a reprovação.

5 – Esquecer as faltas alheias sem desculpar as nossas.

6 – Evitar as conversações inúteis.

7 – Receber no sofrimento o processo de nossa educação.

8 – Calar diante da ofensa, retribuindo o mal com o bem.

9 – Ajudar a todos, sem exigir qualquer pagamento de gratidão.

10 – Repetir as lições edificantes, tantas vezes quantas se fizerem necessárias, perseverando no aperfeiçoamento de nós mesmos sem desanimar e colocando-nos a serviço do Divino Mestre, hoje e sempre.

André Luiz

O espírita é proprietário de valores e bênçãos no reino da alma, capaz de ser feliz na abastança ou na carência, na elevação social ou no lugar mais singelo do mundo, de vez que carrega em si e por si os tesouros de vida eterna.

34

DECÁLOGO PARA MÉDIUNS

Não afastar-se dos deveres e compromissos que abraçou na vida, reconhecendo que é impossível manter intercâmbio espiritual claro e constante com o Plano Superior, sem base na consciência tranquila.

Não descuidar-se do autodomínio, a fim de controlar as próprias faculdades.

Não ignorar que desenvolvimento mediúnico, antes de tudo, significa educar-se o médium a si mesmo para ser mais útil.

Não desejar *fazer tudo*, mas fazer o que deve e possa no auxílio aos outros.

Não recusar críticas ou discussões e, sim,

aceitá-las de boa vontade por testes de melhoria e aperfeiçoamento dos próprios recursos.

Não guardar ressentimentos.

Não fugir do estudo, nem da disciplina, para discernir e agir com segurança.

Não relaxar a pontualidade, somente faltando às tarefas que lhe caibam por motivo de reconhecida necessidade.

Não olvidar pessoas nos benefícios que preste.

Não olvidar que o melhor médium, para o Mundo Espiritual, em qualquer tempo e em qualquer circunstância, será sempre aquele que estiver resolvido a burilar-se, decidido a instruir-se, disposto a esquecer-se e pronto a servir.

ALBINO TEIXEIRA

Servir onde estivermos e tanto quanto pudermos será sempre o programa para qualquer de nós – os tarefeiros encarnados e desencarnados do Evangelho – na faixa de trabalho em que nos situamos.

35

MAIS VALE

Mais vale sofrer que gerar o sofrimento, de vez que todos quantos padecem, arremessados à vala da provação pela crueldade dos outros, encontram em si mesmos os necessários recursos de reconforto e de reajuste, ao mesmo tempo que os empreiteiros do mal suportarão as lesões mentais que impõem a si mesmos, nos conflitos da consciência.

Mais vale arrastar os constrangimentos do escárnio que se nos atire em rosto, que zurzir contra o próximo os látegos da ironia, porque as vítimas da injúria facilmente se apóiam na fé com que renovam as próprias forças, ao passo que os promotores do sarcasmo transportarão consigo o fel e o vinagre com que acidulam os sentimentos alheios.

Mais vale ser enganado que enganar, no trato da vida, porquanto as pessoas enganadas denotam alma simples e sincera, compreendendo-se que os enganadores andarão embrulhados na sombra a que se empenham toda vez que procurem enevoar a estrada dos semelhantes.

Mais vale ser criticado em serviço que criticar, de vez que os perseguidos por zombaria ou maledicência no trabalho respeitável a que se afeiçoam estão produzindo o bem que são capazes de realizar, entendendo-se que os censores ficam naturalmente na obrigação de fazer mais e melhor do que aqueles aos quais intentam levianamente reprovar.

Em matéria de decepções e desilusões, sempre que te vejas à frente daqueles que te ludibriam a confiança, lembra-te de Jesus e ora por eles, porque, enquanto os que choram lavam os olhos espirituais para a descoberta de novas trilhas de progresso e renovação, no campo da vida, os que fazem as lágrimas carregarão as correntes invisíveis da culpa, não se sabe até quando.

EMMANUEL

Dos outros recebemos a calúnia, mas igualmente dos outros recolhemos o louvor que, em muitas ocasiões, ao exaltar-nos imerecidamente, nos fortalece para sermos afinal o que devemos ser e como devemos ser.

36

EXPERIÊNCIAS

Por vezes, apresentas-te como sendo um feixe de aflições e cansaços e, por isso, declaras-te incapaz de apoiar os irmãos que sofrem; dizes-te carregando fardos pesados de imperfeições e, por esse motivo, não te encorajas a edificar o espírito alheio nas lições da fé; acreditas-te em erro e, nessa suposição, afirmas-te sem recursos para tratar dos assuntos da alma; caíste em acessos de intemperança mental, desvairando-te na irritação e, à face disso, não te crês na altura de orientar os passos alheios...

Muitos companheiros se estribam em semelhantes enunciados para desertarem do serviço a fazer.

Todavia, reflitamos, de algum modo, nessas enganosas alegações.

Se não conhecesses inquietude e fadiga, provavelmente não conseguirias ajudar aos que jazem de ombros escalavrados, sob o lenho da exaustão; se não assinalasses os próprios defeitos, muito dificilmente registrarias o dever de amparar aos que se debatem nas sombras; se vives absolutamente acima de quaisquer tentações, talvez não possas compreender o suplício de quantos se mergulham na dor do arrependimento; se ainda não padeceste os constrangimentos de alguma falta cometida, é possível não saibas agir com segurança no socorro espiritual aos que carregam feridas na consciência...

Decerto que as Leis Divinas não estabelecem o erro como sendo condição para o acerto, entretanto, são tão raros – mas efetivamente tão raros –, os Espíritos que já sabem, na Terra, conservar a virtude sem orgulho, que o Senhor nos permite a liberdade de palmilhar caminhos de sombra e luz, a fim de que, através das experiências felizes e menos felizes, venhamos a adquirir mais alto nível de compreensão, de uns para com os outros. E isso acontece, jamais para que nos afastemos da seara do bem e, sim, para que nos empenhemos a servir, a benefício do próximo, mais e mais, abrindo incessantemente novas fontes de misericórdia e novos refúgios de entendimento no coração.

EMMANUEL

Se te encontras sob o cerco de vibrações conturbadoras, emite de ti mesmo aquelas outras que se mostrem capazes de gerar vida e elevação, otimismo e alegria.

37

CORAGEM E FÉ

Continuar a serviço do bem, quando tudo nos pareça uma esteira de males sob os pés – eis a real significação da lealdade ao Senhor.

Manter-se de coração tranquilo e alma impávida, na oficina dos ideais superiores, a convertê-los em realidade, sem esmorecer, na execução dos mais pesados deveres, quando muitos dos companheiros dos primeiros dias já se tenham distanciado de nós, e perseverar trabalhando, com a certeza invariável na vitória da verdade e do amor, a benefício de todas as criaturas, a despeito de todos os pesares...

Sustentar-se de espírito vigilante na ação e na oração, sem descrer dos objetivos supremos da vida, na edificação da felicidade comum, embora a tempestade de desilusões se nos desabe em torno, derrubando apoios que se nos figuravam inamovíveis...

Prosseguir caminhando para o alvo entrevisto, no amanhecer dos sonhos mais puros, conquanto as pedras de aflição e os espinheiros de sofrimento se nos multipliquem na senda, dificultando-nos a marcha...

Avançar ainda e sempre, no encalço das realizações sublimes a que nos propomos atingir, no campo do Espírito, apesar de todas as provações que nos testem a confiança, às vezes, caindo na perplexidade e no erro para levantar-nos nas asas da reconsideração e da esperança; chorando e enxugando as próprias lágrimas, ao calor das consolações hauridas no próprio conhecimento; compreendendo e silenciando; amando e servindo – eis a coragem da fé, a única que pode efetivamente renascer dos destroços das piores circunstâncias terrenas e encarar a razão face a face.

EMMANUEL

Se a tempestade relampeia no teto do mundo, cultivemos bastante abnegação para sofrer o granizo e o vento, demandando o horizonte que nos cabe atingir.

38

AGRADEÇAMOS A DEUS

Necessário conservar o coração agradecido a Deus para que as aflições não nos deteriorem os sentimentos.

Para isso, é forçoso procurar o *lado melhor* das cousas e ocorrências, a outra face das pessoas e circunstâncias.

Em muitos episódios da nossa caminhada na Terra, porque a provação nos visite, afundamo-nos em desânimo, todavia, em nos apercebendo com segurança quanto à significação disso, compreendemos para logo que a provação é alavanca psicológica, sem a qual não solucionaríamos as dificuldades alheias.

Certas afeições, no mundo, nos abandonam

em caminho, amarfanhando-nos o Espírito, no entanto, que seria de nós se determinados laços possessivos nos detivessem o coração, indefinidamente?

Empeços materiais persistem conosco, por tempo enorme, contudo, acabamos notando que sem eles, quase sempre, ser-nos-ia impraticável a consolidação do equilíbrio espiritual.

A decepção trazida por um amigo é razão para grande sofrimento, entretanto, a pouco e pouco, reconhecemos que a decepção, no fundo, não existe, de vez que a ruptura de certas relações se traduz por transitório desnível, através do qual se rompem hoje tarefas abraçadas em comum para se refazerem, de futuro, em novas condições de harmonia e de rendimento no bem de todos.

O bisturi do cirurgião é suscetível de inquietar-nos a vida, mas retira de nós aquilo que pode induzir-nos à morte prematura.

Saibamos agradecer ao Senhor os dons de que fomos aquinhoados. Dor é aviso, obstáculo é medida de resistência, desilusão é reajuste, contratempo é lição. Se sabemos aceitá-los, transformam-se-nos sempre em dispositivos para a obtenção da felicidade maior. Isso ocorre, porque, na maioria das ocasiões, os desapontamentos nada mais são que oportunidades a fim de que as nossas emoções se façam respostas na órbita de nossos deveres ou para que os nossos raciocínios se recoloquem na direção de Deus.

Emmanuel

39

EDIFICAÇÃO

Tudo o que é útil e tudo o que é nobre na Terra exige preparação.

Casa alguma se ergue sem que elemento a elemento se ajuste, na concretização do plano estabelecido.

Campo cultivado reclama operações sistemáticas de limpeza e adubação, amparo e plantio.

Roupa que veste passou por múltiplas fases de trabalho, desde a produção do fio singelo.

O pão mais simples não aparece, fora dos arranjos indispensáveis.

O livro, para surgir, transmitindo informações e conhecimentos, roga gestação mental e esforço de composição, letra a letra.

A sinfonia, que aprimora as fontes da inspiração, requisita combinações e estudos diversos, para que os sons se harmonizem, nota por nota.

Certifiquemo-nos de que as probabilidades da mensagem sem fio vibravam na Terra antes de Marconi.

A gravitação era realidade, antes de Newton.

Todos os ingredientes, destinados ao progresso e à civilização, ao aperfeiçoamento e à proteção da vida física, jazem, potencialmente, nos reservatórios da natureza.

O homem, porém, apenas desfruta aquilo que ele próprio analisou e construiu.

Assim também, no terreno do Espírito.

Todos os recursos necessários à educação e à sublimação da individualidade, à criação intelectual e à revelação do plano extrassensorial, estão contidos, em possibilidades virtuais, nas esferas do pensamento.

Ninguém espera milagres depois da morte.

Na Terra ou além da Terra, cada pessoa somente dispõe, em si e fora de si, da cultura e do merecimento que edificou.

ALBINO TEIXEIRA

40

TERAPÊUTICA DESOBSESSIVA

Você pode:

ter cometido muitos desatinos e viver agora em aflitiva atmosfera de culpa;

achar-se doente;

haver passado por terríveis desenganos;

estar respirando no clima de prejuízos e fracassos;

carregar conflitos interiores;

anotar-se sob nuvens de tentações e desafios;

encontrar-se em desânimo;

observar-se em luta contra perigosos pensamentos negativos;

reconhecer-se ante a pressão de numerosos adversários;

admitir-se em luta diante da crítica.

Você, enfim, talvez se veja em qualquer estado de introdução ao desequilíbrio espiritual, prestes a cair sob cadeias obsessivas... Mas, se você realmente deseja livrar-se disso, deve compreender, antes de tudo, que precisa de esclarecimento e de amparo. Entretanto, para que você obtenha luz e auxílio é indispensável adote duas atitudes fundamentais:

estudar e raciocinar, a fim de se instruir;

trabalhar e servir, para merecer.

André Luiz

Todo empeço atrapalha.

Sem obstáculo, porém, nenhum de nós consegue efetuar a superação das próprias deficiências.

41

EVITANDO OBSESSÕES

Não deixe de sonhar, mas enfrente as suas realidades no cotidiano.

Reduza suas queixas ao mínimo, quando não possa dominá-las de todo.

Fale tranquilizando a quem ouve.

Deixe que os outros vivam a existência deles, tanto quanto você deseja viver a existência que Deus lhe deu.

Não descreia do poder do trabalho.

Nunca admita que o bem possa ser praticado sem dificuldade.

Cultive a perseverança, na direção do melhor, jamais a teimosia em pontos de vista.

Aceite suas desilusões com realismo, extraindo delas o valor da experiência, sem perder tempo com lamentações improdutivas.

Convença-se de que você somente solucionará os seus problemas se não fugir deles.

Recorde que decepções, embaraços, desenganos e provações são marcos no caminho de todos e que, por isso mesmo, para evitar o próprio enfaixamento na obsessão o que importa não é o sofrimento que nos visite e sim a nossa reação pessoal diante dele.

André Luiz

Ninguém susta golpes da ofensa com pancadas de revide, tanto quanto ninguém apaga fogo a jorros de querosene.

42

NO JUSTO MOMENTO

No justo momento em que:

o fracasso lhe atropele o carro da esperança;

o apoio habitual lhe falte à existência;

a ventania da advertência lhe açoite o Espírito;

a aflição se lhe intrometa nos passos;

a tristeza lhe empane os horizontes;

a solidão lhe venha fazer companhia;

no momento justo, enfim, em que a crise ou a angústia, a sombra ou a tribulação se lhe façam mais difíceis de suportar, não chore e nem esmoreça.

A água pura, a fim de manter-se pura, é servida em taça vazia.

A treva da meia-noite é a ocasião em que o tempo dá sinal de partida para nova alvorada.

Por maior a dificuldade, jamais desanime.

O seu pior momento na vida é sempre o instante de melhorar.

ALBINO TEIXEIRA

Antes da reencarnação, a criatura que se vê defrontada por obrigações de resgate e reajuste, é levada, espontaneamente ou não, a renascer, junto dos companheiros de antigas faltas, a fim de granjear os recursos indispensáveis à própria quitação diante da Lei.

43

AUXÍLIO EM DESOBSESSÃO

A desobsessão em si nasce originariamente da palavra esclarecedora, através do estudo, mas em muitos casos, na lei das provas necessárias, possuímos instrumentos vários de auxílio a ela, tais quais sejam:

afeições contrariadas — recursos de frenagem, sustando a queda em dramas passionais de resultados imprevisíveis;

desgostos domésticos - válvulas de contenção, impedindo a reincidência em falhas morais;

parente infeliz - advertência constante, obstando a ingerência em faixas de crítica destrutiva;

filho-problema - socorro da Providência Divina, trazendo para dentro de casa o credor de existências passadas, que incomodaria muito mais se estivesse por fora;

doença irreversível – dreno para o escoamento gradativo dos agentes mórbidos, ainda suscetíveis de ligar a criatura com as inteligências enquistadas na criminalidade;

moléstias comuns – desligamento de tomadas mentais capazes de estabelecer conexão com o enredo sutil das trevas;

frustração orgânica – apoio de base contra o mergulho em experiências menos felizes;

decepção – choque reparador da lucidez espiritual;

idiotia – longa pausa do Espírito, diligenciando realizar o próprio reajustamento, ante a Vida Superior.

A reencarnação é sempre evolução, recapitulação, ensino, aprendizado e reaprendizado e tudo isso custa esforço, obstáculo, suor; entretanto, em muitas circunstâncias, é trabalho expiatório, regeneração ou processo curativo.

Por isso mesmo, para as criaturas que se encontram em resgate, nos domínios da culpa, a área terrestre em que se encontram pode ser considerada como sendo região hospitalar e o corpo físico é interpretado por cela de tratamento, com a equipe doméstica, seja na consanguinidade ou nos contatos de serviço, mantendo a terapia de grupo.

Amemos, estudemos, sirvamos, perdoemos e auxiliemos aos outros e a desobsessão será sempre a nossa precisa libertação por bendita luz a brilhar no caminho.

André Luiz

44

ANTIOBSESSÃO

Prejudicial qualquer atitude tendente a acirrar a intemperança ou o ódio de nossos adversários.

Forçoso transformá-los para o bem, a preço de humildade e de amor.

Não vale caminhar sob o lenho da mágoa.

Aconselhável dissolver o peso morto de quaisquer golpes, na fonte do esquecimento.

Inútil gritar contra as próprias dívidas.

Imperioso examiná-las com serenidade, para configurar com elas a maneira mais segura de pagamento.

Ruinosa qualquer irritação à frente do obstáculo.

Razoável estudá-lo para a devida superação.

Absolutamente negativa a decisão de agitar as próprias cadeias.

Justo analisar os motivos da prisão, a fim de saná-los.

Amigos, convençamo-nos de que aversões, animosidades, conflitos acalentados e ressentimentos, sejam quais forem, são pontos de contato para tomadas de obsessão e toda obsessão é entretecida de trevas.

Não adianta, dessa forma, esbravejar contra as sombras. Para arredá-las, é preciso acender uma luz.

Albino Teixeira

Nosso encontro com aqueles que sofrem dificuldades e provações maiores que as nossas será sempre, em qualquer lugar, o nosso mais belo e mais duradouro encontro com Deus.

45

DISCIPLINA E EDUCAÇÃO

Evidentemente, não se justificam cilício e jejum sistemáticos, a serviço da alma, no entanto, é justo empenharmos atenção e esforço na aquisição de hábitos dignos, conducentes à elevação.

Considera que toda obra, por mais importante, principia no alicerce, e iniciemos as grandes realizações do Espírito através de pequenos lances de disciplina.

Tanto quanto possível, aprende a te desprenderes dessa ou daquela porção de ti mesmo ou daquilo que te pertença, a fim de ajudar ou facilitar alguém.

Não desprezes a possibilidade de visitar os

irmãos em doença ou penúria, pelo menos uma vez por semana, de maneira a levar-lhes consolação e refazimento.

Em cada sete dias, qual ocorre ao impositivo do descanso geral, destaca um deles para ingerir o mínimo de alimentação, doando o necessário repouso aos mecanismos do corpo.

Semanalmente, retira igualmente um dia para o trabalho de vigilância absoluta no próprio pensamento e no próprio verbo, mentalizando e falando exclusivamente no bem dos outros.

Em cada ciclo de vinte e quatro horas, separa diminuta área de tempo, quando não possas fazê-la mais ampla, para estudo e meditação, silêncio e prece.

Faze, por dia ou por semana, um horário de serviço gratuito, em auxílio aos companheiros da Humanidade.

Decerto que não estamos generalizando recomendações, de vez que todos conhecemos criaturas quase inteiramente devotadas ao bem do próximo.

Ainda assim, apresentamos o assunto de nós para nós mesmos, porque toda educação parte da disciplina e, para que nos ajustemos à disciplina nesse ou naquele setor da vida, será sempre invariavelmente preciso começar.

EMMANUEL

46

PESSOA MENOS OBSEDÁVEL

Não espera milagres de felicidade, inacessíveis aos outros, mas se regozija pelo fato de viver com a possibilidade de trabalhar.

Ama sem exigências, aceitando as criaturas queridas como são, sem pedir-lhes certificados de grandeza.

Suporta dificuldades e provações, percebendo-lhes o valor.

Não adota cinismo e nem preconceito em seus padrões de vivência, conservando o equilíbrio nas atitudes e decisões, dentro do qual sabe ser útil, com tranquilidade de consciência.

Estuda para discernir e não age impulsivamente, subordinando emoções ao critério do raciocínio.

É firme sem fanatismo e flexível sem covardia.

Acolhe as críticas, buscando aproveitá-las.

Não interfere nos negócios alheios, centralizando o próprio interesse no exercício das obrigações que a vida lhe assinalou.

Aprende a entesourar valiosas experiências, à custa dos próprios erros.

Não cultiva hipersensibilidade neurótica e, em consequência, se desliga com a maior facilidade de quaisquer influências perturbadoras, entrando, de maneira espontânea, no grande entendimento dos seres e das cousas, dentro do qual se faz tolerante e compassiva, afetuosa e desinteressada de recompensas, para melhor compreender a vida e desfrutar-lhe os infinitos bens.

André Luiz

O progresso é um caminho que avança. Daí, o imperativo de contarmos com oposições e obstáculos toda vez que nos engajamos na edificação da felicidade geral.

47

DESOBSESSÃO SEMPRE

Se você aspira a receber, procure dar.

Se deseja a estima alheia, proporcione apreço sincero aos semelhantes.

Se quer auxílio, auxilie.

Se aguarda compreensão, compreenda.

Se algum de nós observa a presença do mal por fora, vejamo-nos por dentro, a fim de saber se não estamos em condições de estendê-lo.

Se espera desculpa às próprias faltas, esqueça – mas esqueçamos, de todo coração –, as faltas dos outros.

Se a irritação nos destempera, silenciemos a palavra, até que passe a tormenta da ira.

Se você não aprecia respostas desagradáveis, não faça perguntas irreverentes.

Se sonha elevar-se, eleve também os seus companheiros.

Se dispõe de tempo a perder, ganhe tempo no trabalho ou no estudo.

Desobsedar-se alguém, na essência, será libertar-se da sombra e ninguém se livra da sombra sem fazer luz.

André Luiz

Filhos, não vos deixeis abater diante da luta. O apostolado da redenção inclui todas as dores. Lembremo-nos de que, perseguido e tentado, Jesus trabalhou sempre... Ainda mesmo na cruz, à frente da morte, trabalhou na obra do perdão sem limites.

48

OBSESSÃO E CURA

A reencarnação solicita nove meses de base no claustro materno, a fim de que venha a estabelecer domínio sobre o corpo, e não se requer do Espírito nada menos de sete anos sucessivos de esforço e de ensaio, para que se lhe consolide a segurança na experiência física.

Um certificado de competência nas profissões liberais custa habitualmente quase quatro lustros de estudos incessantes.

Uma árvore frutífera deve guardar a passagem de muitas estações, até que consiga fornecer os frutos da própria espécie.

O carvalho ou a peroba, para oferecerem

material de construção, necessitam de muitas décadas de trabalho silencioso, na organização da própria estrutura.

O carvão, para converter-se em diamante, requisita séculos de apoio no laboratório da natureza.

Em qualquer progresso ou desenvolvimento de aquisições do mundo, nada se obtém sem paciência, amor, educação e serviço; como quereis, meus irmãos da Terra, que a obsessão – que é frequentemente desequilíbrio cronificado da alma – venha a desaparecer sem paciência, amor, educação e serviço, de um dia para outro?

Albino Teixeira

Ante os empeços da profissão com que o mundo te honra a existência, consagra alguns minutos a escutar o relatório dos pais de família, entregues ao desespero por lhes escassearem recursos à própria subsistência.

49

SOMA AS BÊNÇÃOS

Não raro, queixas-te dos contratempos que te cercam; entretanto, não te animarias a isso, caso te dispusesses a relacionar as vantagens que te rodeiam.

Alguns dias de moléstia grave terão surgido, compelindo-te a cuidados especiais; todavia, se somas os dias de saúde relativa que desfrutaste até agora, observarás para logo quão pequena é a faixa dos constrangimentos físicos que te visitam, muitas vezes, à maneira de avisos preciosos, a te preservarem contra males maiores.

Não conseguiste ainda concretizar ideais determinados que te enfeitam as esperanças; mas, se anotas os desejos que já pudeste realizar, entenderás sem delonga que a Divina Providência está pronta a te amparar na materialização dos teus sonhos de natureza superior, desde que te decidas ao estudo e ao trabalho nas oportunidades de serviço que se nos descerram a todos.

Sofreste reveses, quedas, prejuízos, desilusões... Antes e depois deles, porém, guardas contigo o tesouro das horas com o emprego criterioso do qual ser-nos-á possível a recuperação ou o refazimento em qualquer circunstância difícil.

Amigos abandonaram-te a área de ação; contudo, não disporás do mínimo ensejo para lastimar-lhes o transitório afastamento, se souberes valorizar os irmãos e cooperadores que Deus te envia ou mantém na co-participação de tuas tarefas e experiências.

Em quaisquer embaraços ou crises do caminho, somas as bênçãos que já possuis e reconhecerás que todo motivo para desalento é nuvem pequenina a desfazer-se no céu imenso de tuas possibilidades.

Suceda o que suceder nas trilhas da vida, em matéria de amargura ou de aflição, ergue a fronte e caminha para diante, trabalha e aprende, abençoa e serve, porquanto, diante de Deus e à frente dos companheiros que se nos conservam fiéis, a palavra desânimo é quase sempre o outro nome da ingratidão.

Emmanuel

Aquele que talvez consideres por inimigo unicamente porque te não pode satisfazer as reclamações será provavelmente um criatura pressionada por exigências que nunca te abordaram as áreas de ação.

50

PRECE EM DESOBSESSÃO

Deus de Infinita Bondade!

Na supressão dos conflitos, em que nos inimizamos uns com os outros, induze-nos a ver, na condição de perseguidos, se não temos sido perseguidores.

Em colhendo aflições e lágrimas, faze-nos observar se não temos semeado lágrimas e aflições nas estradas alheias.

Ajuda-nos a receber ofensas por medicação que nos cure as enfermidades do Espírito, e a acolher em nossos adversários, instrumentos da vida, que nos experimentam a capacidade de compreender e servir, conforme os preceitos que Jesus exemplificou.

Não nos deixes, ó Pai de Misericórdia, identificar nos companheiros menos felizes que nos imponham problemas, senão irmãos com quem necessitamos recompor o próprio caminho, em bases de fraternidade e de paz.

Auxilia-nos a verificar que todo processo de obsessão é compartilhado pela vítima e pelo agressor; leva-nos a reconhecer que unicamente com a luz do bem é que dissiparemos a sombra do mal; e ensina-nos, ó Deus de Infinita Sabedoria, que o amor – e só o amor – é a tua vontade para todas as criaturas, em toda parte e para sempre.

Assim seja.

Albino Teixeira

"– O que os espíritos têm dito a respeito da insatisfação do mundo de hoje?

– Os nossos guias espirituais traduzem a nossa insatisfação, no mundo inteiro, como sendo a ausência de Jesus Cristo em nossos Corações.

Quando nos adaptarmos em definitivo ao espírito da doutrina para a vivência cristã, em nossas relações mútuas, toda insatisfação desaparecerá, porque estabelecida a paz em nossa consciência com o nosso dever cumprido, as próprias doenças naturalmente recuarão, pois muitas delas são simples conseqüências de nossos desajustes espirituais, em decorrência de nosso afastamento de Cristo, como luz divina para os nossos corações.

Estamos nos referindo não só ao Espiritismo Evangélico, mas a todo o Cristianismo, a todas as escolas cristãs. (...)"

Trecho extraído do livro *Entrevistas*,
Francisco Cândido Xavier/ Emmanuel, edição IDE.

FRANCISCO CÂNDIDO XAVIER

Nasceu em 2 de abril de 1910, em Pedro Leopoldo, Minas Gerais e veio a desencarnar no dia 30 de junho de 2002, em Uberaba, aos 92 anos de idade, dos quais, 75 dedicados à causa da Doutrina Espírita, como um dos mais legítimos discípulos do Cristo.

Filho de João Cândido Xavier e de dona Maria João de Deus, desencarnada quando o menino contava com apenas cinco anos.

Chico passou por diversas privações e sofrimentos quando criança, os quais sempre conseguiu superar com o auxílio de sua mãe, que lhe aparecia em Espírito.

Desde os bancos escolares começou a sentir a presença de Espíritos que lhe ditavam redações, até que, em 8 de julho de 1927, portanto aos dezessete anos, ocorreu sua primeira psicografia num Centro Espírita, mais precisamente, o Centro Espírita Luiz Gonzaga, presidido por seu irmão José Cândido Xavier.

Em fins do ano de 1931, após já diversos escritos psicografados terem sido publicados em jornais do Rio de Janeiro e até de Portugal, Chico teve seu primeiro encontro com o Espírito Emmanuel, que solicitou seus préstimos para o trabalho de divulgação, exigindo-lhe apenas que cumprisse três pontos básicos: disciplina, disciplina e disciplina.

No ano seguinte, em 1932, foi lançado seu primeiro livro, o "Parnaso de Além-Túmulo", onde constava a presença espiritual de valorosos escritores, tais como Castro Alves, Alphonsus de Guimarães, Olavo Bilac, Antônio Nobre, Fagundes Varela, D. Pedro II, Raimundo Correa, Casimiro de Abreu, Júlio Diniz, Cruz e Souza e muitos outros.

A repercussão foi explosiva. Caíra uma bomba bem no meio da aldeia literária brasileira.

"Se Chico Xavier produziu tudo aquilo por conta própria, então ele merece ocupar quantas cadeiras quiser na Academia Brasileira de Letras." (Monteiro Lobato.)

"Deve haver algo de divindade no fenômeno Francisco Xavier. O milagre de ressuscitar espiritualmente os mortos pela vivência psicográfica de inéditos poemas é prodígio que somente pode ocorrer na faixa do sobre humano." (Menotti del Picchia)

Pouco depois ingressava na antiga Inspetoria Regional do Serviço de Fomento da Produção Animal, órgão do Ministério da Agricultura, no cargo de auxiliar de serviço.

A responsabilidade de Chico aumentou. Para atender a todos, multiplicou-se. Nas sessões públicas, psicografava cerca de 700 receitas. A maioria delas, ditada pelo Espírito do médico Bezerra de Menezes. Todas prescrevendo tratamento homeopático. Sua psicografia apresentava fenômenos raríssimos, como a xenografia (escrever em idioma que o médium ignora) e a escrita invertida (mensagem escrita ao inverso, da direita para a esquerda, legível ao espelho ou contra a luz).

Os livros foram se sucedendo. Poucos escritores brasileiros conseguiam vender tanto quanto Chico. Mas ele nunca ficava com um centavo. Os direitos autorais integrais eram destinados às obras assistenciais da Federação Espírita Brasileira e outras instituições de caridade.

Foi então que surgiu o convite do médico e médium Waldo Viera para se fixar em Uberaba.

Uberaba, cidade tradicionalmente católica, sede de bispado, já era uma velha conhecida do médium. A primeira vez que Chico a visitou foi em 1937, como integrante da comitiva do Dr. Rômulo Joviano, que levava àquela cidade planos para a construção de um parque, autorizado pelo então ministro da Agricultura, Dr. Fernando Costa. Funcionário exemplar, nunca faltou ao serviço. Mas os problemas com os olhos começaram a se acentuar de maneira grave. E, em 1963, após 30 anos de serviços prestados como auxiliar de serviço na antiga Inspetoria Regional do Serviço de Fomento da Produção Animal, aposentava-se na categoria de escriturário, nível 8, por incapacidade.

Aposentado no Estado, manteve-se ativíssimo no serviço espiritual. Continuava psicografando madrugada adentro. Dessa forma, pôde manter a média de publicação de três livros por ano, sem deixar de atender quem quer que fosse procurá-lo, inclusive com importantes comunicações de Espíritos desencarnados através de cartas aos familiares, fruto de dezenas de obras com depoimentos desses mesmos familiares, confirmando e comprovando os depoimentos nelas contidos.

Uma de suas psicografias mais famosas, e que teve grande repercussão, foi a do caso de Goiânia em que José Divino Nunes, acusado de matar o melhor amigo, Maurício Garcez Henrique, foi inocentado pelo juiz que aceitou como prova um depoimento da própria vítima, já falecida, através de texto psicografado por Chico Xavier. Esse acontecimento se encontra relatado no livro "Lealdade", desta Editora.

E a divina tarefa do médium Chico Xavier continuou sem que um precioso minuto fosse perdido, apesar de todas as suas dificuldades físicas, vindo a psicografar 412 obras, em mais de 25 milhões de exemplares, todas com os direitos autorais cedidos a entidades assistenciais. Ressaltamos, ainda, a sua incansável dedicação em benefício dos mais necessitados, atendendo, semanalmente, a centenas de pessoas na Vila dos Pássaros, com alimentos e palavras de conforto e esperança.

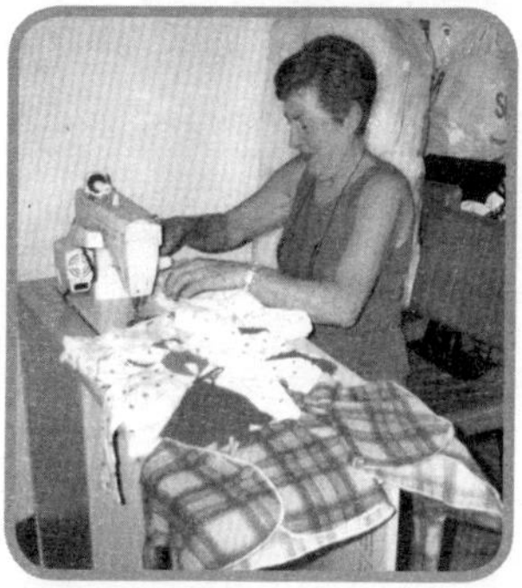

O Instituto

INSTITUTO DE DIFUSÃO ESPÍRITA

Em 1963 nasce, através de voluntários que buscavam o benefício do próximo, o **Instituto de Difusão Espírita**, entidade assistencial, sem fins lucrativos, com a finalidade de divulgar a Doutrina Espírita.

Além do departamento editorial, o Instituto de Difusão Espírita, conta com outras frentes de trabalho, voltadas à assistência social, que visa promover o bem-estar da família carente, auxiliando-a através de corpo de voluntários, naquilo que ela mais necessita, como orientação moral, alfabetização, evangelização, assistência médica, farmacêutica e odontológica, alimentação, leite em pó, vestuário, cestas básicas, cursos para gestantes e mães, e enxovais para recém-nascidos, através de oficina de costura.

O Instituto de Difusão Espírita também acolhe pessoas desabrigadas e sem teto, através de seu albergue noturno, onde são alimentadas e assistidas no que for necessário, em caráter provisório ou emergencial.

Desde sua fundação, vem servindo a causa espírita, exemplificando o maior ensinamento de Jesus que é o ***Amor ao Próximo***, através da caridade, em todas as suas formas.

Bezerra & Meimei - Meditações Diárias
Francisco Cândido Xavier,
por Espíritos Bezerra & Meimei

Lealdade
Francisco Cândido Xavier & Hércio M. C. Arantes,
por Espíritos Diversos

Adolfo BEZERRA DE MENEZES Cavalcanti foi médico em sua última encarnação e dedicado trabalhador em torno da unificação espírita. Mas foram nas atitudes que foi identificado como um verdadeiro cristão; desapegado nas questões materiais e preocupado em auxiliar e amparar os mais necessitados, ficou sendo conhecido como "o médico dos pobres", continuando, na espiritualidade, todo o seu legado de Apóstolo da Caridade junto aos mais humildes.
Irma de Castro Rocha, MEIMEI, na última encarnação, e Blandina, no ano 75, dedicada trabalhadora no amparo e instrução infantil, para as luzes do Evangelho, dedica-se, como Espírito, a intenso trabalho em prol das crianças e dos enfermos.
E este livro encerra uma coletânea de textos desses abnegados benfeitores, sempre em parceria com o grande médium Chico Xavier, proporcionando, ao prezado leitor, momentos de reflexão para uma vida mais feliz dentro dos preceitos do Cristianismo Redivivo.

ISBN: 978-85-7341-461-5 | **_Mensagens_**
Páginas: 96 | **Formato:** 14 x 21 cm

"Este livro é um documentário original, apresentando-nos um jovem amigo que, transferido para a Vida Maior, em lamentável acidente, volta ao Plano Terrestre, no intuito de fazer justiça ao companheiro que lhe assistiu a provação. Oferecemo-lo à sua estimada atenção, a fim de reconhecermos, mais uma vez, que o trabalho do bem e da verdade prossegue além do Plano Físico e que a lealdade, entre irmãos, continua além da morte." Emmanuel.

ISBN: 978-85-7341-410-3 | **_Cartas_**
Páginas: 128 | **Formato:** 14 x 21 cm

André Luiz - Meditações Diárias

Francisco Cândido Xavier, por Espírito André Luiz

Desde a publicação do livro Nosso Lar, em 1943, recebido pelo médium Chico Xavier, o seu autor espiritual, André Luiz, ficou muito conhecido, pois foi o primeiro de uma série de treze livros que, num estilo inconfundível, veio desvendar a vida no Plano Espiritual.
Mas além dessas obras, o Espírito André Luiz também enriqueceu a literatura espírita com suas mensagens esclarecedoras, de abordagem direta, nos chamando para a responsabilidade de nossos atos no dia-a-dia de nossa vida.
E este livro encerra uma coletânea de suas melhores mensagens, sempre em parceria com o grande médium Chico Xavier, proporcionando, ao prezado leitor, momentos de reflexão para uma vida mais feliz dentro dos preceitos do Cristianismo Redivivo.

ISBN: 978-85-7341-440-0 | ***Mensagens***
Páginas: 160 | **Formato:** 14 x 21 cm

Emmanuel - Meditações Diárias

Francisco Cândido Xavier, por Espírito Emmanuel

Emmanuel foi o dedicado Guia Espiritual de Chico Xavier e Supervisor de sua obra mediúnica, que deu origem a mais de 400 livros, desdobrando a Codificação realizada por Allan Kardec.
Do seu passado espiritual, sabemos que nos últimos vinte séculos, ele reencarnou várias vezes. Assim, o conhecido romance "Há 2.000 anos..." apresenta-nos a sua existência na figura do senador Públio Lentulus, autor da célebre carta endereçada ao Imperador romano, onde fez o retrato físico e moral de Jesus.
E este livro encerra uma coletânea de suas melhores mensagens, sempre em parceria com o grande médium Chico Xavier, proporcionando, ao prezado leitor, momentos de reflexão para uma vida mais feliz dentro dos preceitos do Cristianismo Redivivo.

ISBN: 978-85-7341-449-3 | ***Mensagens***
Páginas: 160 | **Formato:** 14 x 21 cm